L'AME DE JEANNE D'ARC

L'AME

DE

JEANNE D'ARC

PANÉGYRIQUE

PRONONCÉ DANS LA CATHÉDRALE D'ORLÉANS

Le Mardi 8 Mai 1888

POUR LE 459ᵉ ANNIVERSAIRE DE LA DÉLIVRANCE D'ORLÉANS

PAR

S. G. Mᵍʳ GONINDARD

ARCHEVÊQUE DE SÉBASTE, COADJUTEUR DE RENNES

ORLÉANS

H. HERLUISON, LIBRAIRE-ÉDITEUR

17, RUE JEANNE-D'ARC, 17

1888

L'AME DE JEANNE D'ARC

Éminence [1],

Messeigneurs [2],

Messieurs,

Lorsque Dieu détache une étincelle de cette vie qu'il est lui-même, pour animer un être humain, il assigne à chaque âme sa mission ici-bas. Qu'elle naisse dans des conditions d'obscurité ordinaire ou d'éclat exceptionnel, toute créature douée de raison a sa voie tracée sur terre, voie qu'elle doit suivre, mais aussi qu'elle peut abandonner en faisant un pernicieux usage de sa liberté. Bienfait immense, que cette indication lumineuse qui tombe du ciel sur le chemin de la vie ! Heureuses les âmes qui apportent leur concours à ces

---

1. S. Ém. le cardinal Bernadou, archevêque de Sens.
2. NN. SS. Zouloff, archevêque de Tyr; Coullié, évêque d'Orléans; Becel, évêque de Vannes; Garabed Aslanian, évêque d'Adana et de Tarse, en Cilicie.

intentions primordiales : leur coopération constitue le mérite que Dieu se plaît à récompenser.

Cela étant, Messieurs, quelle âme fut plus prévenue des faveurs d'en haut, quelle âme aussi y apporta une correspondance plus docile et plus généreuse, que celle de Jeanne d'Arc ? Elle prouve en sa personne que les dons de Dieu, gratuits d'abord, descendent ensuite dans la mesure du soin que nous mettons à les faire fructifier, et dans celle de nos désirs qui les appellent et les apprécient.

Voyez-la, cette enfant, née dans la nuit même de l'Étoile [1], dirigée comme le furent les Mages par une force supérieure, marcher sans déviation à sa grande destinée. A l'origine pourtant, quand lui est imposée une mission capable de la séduire et de l'effrayer tout ensemble, imitant le prophète adolescent qui disait au Seigneur : « Maître, je ne suis qu'un enfant », elle objecte pareillement à ses voix : « Messire, je ne suis qu'une pauvre fille. » — « Tu iras partout où je t'enverrai, » répond Dieu au prophète. — « Fille de Dieu, va, va, va ! » ordonne le Messager divin à la petite bergère. Et, de Domremy à Vaucouleurs, de Vaucouleurs à Chinon, de Chinon à Orléans, d'Orléans à Reims, de Reims, hélas ! à Rouen, elle vole des victoires morales aux conquêtes guerrières, passe par le triomphe d'un sacre, pour aboutir au bûcher d'un martyre. « Va, fille de Dieu, va, va !... »

C'est cette marche ascensionnelle que j'ai entrepris de vous retracer, Messieurs, moins dans la série glorieuse des événements et des faits que dans les causes intimes qui les ont amenés. Tâche attrayante et périlleuse, car il s'agit de dire l'âme de Jeanne d'Arc. Ce discours montrera simultanément ce qui est la part de Dieu et celle de la Pucelle dans une si merveilleuse existence.

1. Naissance de Jeanne d'Arc, dans la nuit de l'Épiphanie, 6 janvier 1412.

I

Approchons, Messieurs, pour contempler de près cette âme que je vais essayer d'ouvrir avec le respect ému qu'on a d'un tabernacle. C'est qu'il y a en elle, comme dans une nouvelle arche d'alliance, le dépôt sacré des miracles, avec l'irradiation pure de l'innocence en laquelle Dieu se complaît. Quel spectacle s'offre à notre admiration ! C'est l'association harmonieuse de la lumière, de la sonorité et du parfum.

La *lumière* éclate. Nulle part en effet n'a été mieux conservée, dans son relief étincelant, la signature laissée à l'œuvre de Dieu, comme un rayon de son visage : *Signatum est super nos lumen vultus tui Domine* (¹). De là cette transparence virginale que la clarté intérieure fait ressortir à travers le voile diaphane de la chair. Semblable à la création poétique de cette Vierge symbolique, dont le corps projette sur la route qu'elle doit suivre une lueur qui la protège, Jeanne déverse autour d'elle des clartés sereines qui tiennent le mal à distance, transpercent les intentions équivoques et font régner dans toutes ses actions la splendeur du vrai et du bien. En vérité, il semble que les aimables Saintes qui lui apparaissent dans leur nimbe immatériel lui aient laissé, en remontant aux cieux, la lumière ambiante de leur vêtement.

Oui, l'âme de Jeanne d'Arc, c'est la lumière : son regard, qui la traduit au dehors, éclaire en elle toute la personne humaine. *Si oculus tuus fuerit simplex, totum corpus erit lucidum* (²).

C'est aussi la *sonorité*. Cette âme est vibrante. Avec

1. Ps. iv, v. 7.
2. Math., vi, 22

plus de spontanéité que la fable n'en prête à la Statue antique rendant un son harmonieux au premier rayon que dardait sur elle l'astre du jour, Jeanne, au contact instantané du soleil divin, entonne et achève l'hymne de son amour docile. Lyre matinale éveillée dès l'aurore, chant printanier de ses facultés écloses, vous avez répété sur les lèvres de la Vierge le cri enthousiaste du roi Prophète, si difficile pourtant à redire après lui : « Seigneur, mon cœur est prêt : *Paratum cor meum, Deus, paratum cor meum*. Éveille-toi, luth harmonieux, ô ma gloire, éveille-toi et chantons dès l'aurore : *Exurge, gloria mea, exurge, psalterium et cithara* ([1]). » Cette fraîche résonnance est le tressaillement incessant d'un esprit qui communique à Dieu et d'un cœur qui le savoure, en lui chantant sa reconnaissance.

Fille de dix-sept ans, lorsqu'au milieu des camps enfiévrés elle se trace un chemin que rien d'impur n'a jamais souillé, le cantique de sa naïve et ardente prière domine le cliquetis des armes, les cris de guerre ou les éclats des chants profanes. « *Psallam in viâ immaculatâ*, je chanterai sur ma route immaculée ([2]). » Et le dernier soupir d'amour qui s'échappera de sa poitrine à travers les flammes de son bûcher. *Jesus ! Maria !* n'est-il pas le doux gémissement de la colombe, dont son âme revêt la forme gracieuse pour s'élancer à la couronne : *Veni, columba mea, veni, coronaberis* ([3])?

C'est encore, disons-nous, le *parfum*. De même que l'auréole des saintes Apparitions lui est demeurée, comme reste inhérente à l'astre qui la réfléchit la lumière du soleil, ainsi l'âme de Jeanne d'Arc paraît avoir gardé la suave odeur des fleurs cueillies aux champs de Domremy et de Vaucouleurs. Sa pure main en faisait un si délicat usage, après les avoir pieusement tressées en guirlandes, pour en orner le front de la Reine du

1. Ps. cvii, 3.
2. Ps. c, 1.
3. *Cant.* iv, 8.

Ciel! Senteur discrète d'humilité et de candeur, mêlée à l'enivrant arome de l'héroïsme et de la générosité ; alliage odorant de force et de douceur, de naïveté et de savoir-faire ; épanouissement pour ainsi dire inconscient, tant il était dénué de prétention et de recherche, de toutes les beautés morales et des grâces naturelles les plus attrayantes. Quatre siècles et plus se sont écoulés, et, aujourd'hui comme de son vivant, même en faisant abstraction du souvenir reconnaissant qui s'attache à sa mission patriotique, par la seule attraction de son aimable vertu, la Pucelle d'Orléans a déterminé vers elle un irrésistible et universel courant d'admiration et de sympathie : « *Post te curremus in odorem* (¹) : nous marchons à ta suite, ô Vierge radieuse, attirés par la suavité des parfums de ton âme. »

Lumière, sonorité, parfum, voilà bien ce qui s'échappe tout d'abord de l'âme entr'ouverte de Jeanne d'Arc.

II

Mais avant d'analyser plus particulièrement les vertus caractéristiques qui ornèrent ce vivant tabernacle, il faut indiquer encore le principe moteur qui, au dehors, les a mises constamment en activité et en progrès. Nos saints livres ont une parole pittoresque qui va tout expliquer : « Dieu, disent-ils, a établi des ascensions dans le cœur de l'homme : *Ascensiones in corde hominis disposuit* (²) », et saint Paul nous recommande *d'avoir du goût pour les hauteurs*. Seulement Dieu, qui appelle tout être humain aux élévations morales, n'assigne qu'à certains d'entre eux (ils ne furent que trois sur le Thabor) des sommets privilégiés ou plus héroïques à gravir. Le

1. *Cant.* i, 3.
2. Ps. cxxxiii, 6.

succès, c'est-à-dire le mérite de l'ascension, reste proportionné à la bonne volonté qui répond à l'appel.

C'est, du reste, le propre des natures d'élite d'aimer à monter, dans l'ordre naturel, comme dans celui des vertus. Sans doute, pour les deux, la marche entraîne l'effort et la fatigue ; mais, pour les deux aussi, comme on est largement récompensé de sa peine ! Dans l'ordre naturel, à mesure que l'on monte davantage, l'âme se dilate d'autant ; l'air est plus pur, le ciel plus ouvert, Dieu plus communicatif. Et puis, en abaissant ses regards, quel splendide panorama que celui qui s'est déroulé ! L'éclatante mosaïque des prés verdoyants assortis aux teintes sombres des bois, les villes fumeuses et les hameaux abrités, les rivières et les lacs, les rocs aigus et les vallées profondes, forment un spectacle qui, en récréant l'esprit, arrache l'âme à ses mesquines passions : elle monte jusqu'au Créateur : *Mirabilis in altis Dominus* ([1]). Du haut de la colline où le *bois chenu* l'attirait, à travers les branches des vieux chênes druidiques, Jeanne a joui souvent de cette contemplation qui élevait sa pensée.

Dans l'ordre surnaturel, ainsi en est-il des vertus qui résident, sans exception, sur un sommet méritoire. Les saints, qui furent tous, j'allais dire des ascensionistes, mais, mieux que cela, des héros guidés par la grâce, se sont plu à gravir ces hauteurs avec allégresse et à s'installer victorieusement sur leur faîte ensoleillé. Or, voici toute la théorie de la sainteté : à mesure qu'elle monte, au lieu de se retourner pour regarder complaisamment la route déjà parcourue, elle a les yeux fixés sur quelque cime nouvelle qui l'invite et sollicite son effort. *Excelsior !* Toujours plus haut ! Pendant que les saints s'élèvent ainsi, les vertus vulgaires cheminent sans enthousiasme dans la plaine : la plaine, c'est-à-dire la grande route commune, banale et poudreuse, dont la verdure équivoque est

1. Ps. xcii, 4.

insultée du passant. Non, la plaine ne sera jamais l'endroit préféré des esprits et des cœurs d'élite : *Quæ sursùm sunt sapite* (¹).

Telle fut la marche ascensionnelle de Jeanne. « Fille de Dieu va, va, va ! » disait la voix d'en haut, et, sous cette injonction, la vie de la Pucelle dessine une double progression simultanée et parallèle : celle de son étendard à la victoire, celle de son âme à la sainteté ! A l'héroïne, des conquêtes surprenantes ; à la sainte, des victoires morales d'un incomparable mérite.

Presque dès le berceau, par l'éclosion précoce de ses vertus, *la bergerette,* ainsi qu'on l'appelait, avait réalisé déjà une première élévation au-dessus des enfants de son âge. Alors que le regard mobile et insouciant d'un enfant se promène sur tout sans rien pénétrer, Jeanne a fixé le sien sur les *saintes images*, et le cœur, chez elle, passe par le regard, pour exhaler la prière la plus expressive. Lorsque, d'ordinaire, l'enfance ne va pas au delà de ce qu'on appelle communément la gentillesse, efforts souvent infructueux pour acquérir de petits mérites intermittents, Jeanne a fait plus que tenter l'essai du bien, elle en a établi l'habitude en elle. Entendez le double témoignage qui constitue l'historique de sa vertueuse enfance : « Dans tout le village, elle n'a pas sa pareille, » disait, en son simple langage, Guillaume Fronte, son curé, quand il la citait en modèle aux autres enfants. Michel Lebuin dépose de son côté, au nom de tous les habitants de Domremy, « qu'elle était comme ces fontaines qui n'égarent jamais hors de leur lit leurs ondes limpides ». C'est sous cette double forme, également sincère, d'un témoignage compétent et d'une image gracieuse, la constatation quasi-officielle d'un mérite acquis et reconnu, à cet âge printanier où la plante ne donne encore que des germes et des fleurs d'espérance.

Mais voici qu'à ces heureux préludes, qui marquent

1. *Ep. ad Col.*, III, 2.

la docilité de Jeanne aux grâces dont elle a été prévenue, Dieu ajoute une faveur plus haute.

La bergère de Domremy a treize ans quand lui apparaît, « dans un océan de clarté », ainsi qu'elle l'a rapporté, l'archange saint Michel. Quel rapprochement, Messieurs, quelle distance franchie et quelle rencontre ! Le plus glorieux des archanges près d'une petite fille des champs ! Toutefois, si l'un est descendu, l'autre n'était-elle pas montée ? D'ailleurs, l'Église elle-même n'avait-elle pas autorisé la pieuse enfant, à chacune de ces messes nombreuses qu'elle recherchait avec une si sainte avidité, à s'unir au prêtre pour dire au Très-Haut : « *Ordonnez, ô mon Dieu, que ma faible voix soit associée à celles des Anges et des Archanges : Cum Angelis et Archangelis, et nostras voces admitti jubeas* (¹) ! »

Après le *Sursùm corda*, son cœur était en haut : — sa prière devait être exaucée. Aussi, loin de la dédaigner, les anges lui donnent-ils le nom de sœur ; de son côté, elle les appelle couramment ses frères ; elle les salue à leur départ et pleure en baisant avec amour le sol que leurs pieds ont foulé. « Quand leur voix moult doulce et belle se fait entendre, dit Jeanne à ses juges, oncques ne doubte et suis plus réjouie que merveille. » Veut-on savoir maintenant le secret de cette confiance invincible, que la parole de la Pucelle sut inspirer à tous, et celui du charme irrésistible de cette voix à laquelle on trouvait tant de douceur ? Jeanne transmettait ce qu'elle avait reçu : sa voix, du jour où elle s'entretint avec eux, resta harmonisée à celle des Anges.

Mais revenons à la première apparition. Que vient dire l'Archange à la bergère ? Ah ! Messieurs, y aura-t-il témérité de ma part à vous communiquer le souvenir qui se présente instinctivement à mon esprit dans ce message céleste ? J'estime que non, et j'aime à rapprocher — sans faire une comparaison contre laquelle

---

1. Prière liturgique de la préface à la sainte Messe.

Jeanne s'indignerait — l'humble enfant, au jour de sa visite angélique, de la Vierge qui restera toujours incomparable, parce que d'elle seule on pourra dire d'une manière absolue : « Vous êtes entièrement belle, et il n'y a pas de tache en vous : *Tota pulchra es et macula non est in te* (¹). » Michel est bien le frère de Gabriel, et Jeanne a certaines ressemblances lointaines avec Marie, air de famille que cette divine Mère ne désavouera pas. Quoi d'étonnant d'ailleurs à cela? La fille a tant contemplé sa mère, elle l'a aimée d'un amour si enthousiaste et si pénétrant, qu'elle a fini par devenir sa vivante copie : image très inférieure sans doute, mais qui n'est point sans quelque trait de ressemblance avec le type, dont l'idéal parfait a encouragé son essai d'imitation.

Parlez donc le premier, radieux Gabriel, donnez votre message, lorsque, le lys à la main, vous abordez avec tant de respect l'auguste Vierge de Nazareth : « Je vous salue, Marie... Vous avez trouvé grâce devant Dieu... Voici que vous donnerez le jour au Rédempteur du monde. — Mais comment cela arrivera-t-il ? — L'Esprit-Saint descendra en vous. — *Fiat.* Je suis la servante du Seigneur; qu'il me soit fait selon votre parole. » Le monde entier attendait depuis quatre mille ans ce consentement de la Mère de Jésus.

Accomplissez à votre tour votre divin message, glorieux Prince de la Milice céleste.

C'est dans la splendeur d'un beau jour d'été, vers l'heure de midi. Dans le jardin de son père, Jeanne prie. Sans doute qu'elle récite, à ce moment précis, la prière que, depuis un siècle déjà, le Pontife de Rome a recommandée à tout l'univers : *Angelus Domini nuntiavit Mariæ.* Tout à coup, du côté de l'église à droite, une voix se fait entendre; puis apparaît à ses yeux un vieillard vénérable « qui portait des ailes et semblait plongé dans un océan de clarté ». Pauvre petite ber-

---

1. *Cant.*, IV, 7.

gère : à l'exemple de Marie, c'est un indicible effroi qui la saisit au jour de son annonciation : *turbata est et cogitabat* (¹). Mais sa terreur s'évanouit bientôt, lorsque Michel lui recommande d'être « pieuse et bonne fille ». Il annonce ensuite à l'enfant « la grande pitié qui règne au pays de France », et lui signifie que c'est elle-même qui délivrera le Dauphin et rétablira son royaume. — Marie demande comment elle pourra devenir la Mère du Sauveur : *Quomodo fiet istud?* Jeanne objecte de son côté : « Comment cela se fera-t-il ? Je ne sais ni monter à cheval ni manier les armes. — Dieu t'aidera, et voici que sainte Catherine et sainte Marguerite viendront te visiter et t'assister de leurs conseils. » O prodige, ô bonheur pour notre patrie : l'enfant sentit dès lors tressaillir dans son cœur virginal, non plus seulement l'espoir, mais la certitude du salut de la France. Va, Fille de Dieu, va, va !... Elle ira, en effet, en reprenant le vieux cri des Croisades : Dieu le veut ! « C'est la volonté de Messire le Roi du Ciel. De par Dieu, Anglais, vous serez boutés hors de toute France. » Recueillez-vous, Orléanais, pour éveiller, en ce 459ᵉ anniversaire si glorieux pour votre cité, les échos séculaires du *Te Deum* qui retentissait ici même, en reconnaissance de l'intervention divine : « de par Dieu », la Pucelle d'Orléans venait d'accomplir ce qui avait été promis à la bergère de Domremy.

Il me semble qu'un second *Magnificat* est seul capable de traduire cette élévation surhumaine de la petite bergère : « *Exaltavit humiles :* Dieu a élevé les humbles... » Le Tout-Puissant a fait de grandes choses en elle et par elle... Il a regardé la bassesse de sa servante, et, dans tous les siècles, la France la proclamera son heureuse libératrice : *Magnificat anima mea Dominum !*

1. Luc, i, 29.

III

Par quelle élévation morale la Pucelle va-t-elle correspondre à la plus haute faveur qui puisse descendre des cieux dans une âme ?

Saluons, Messieurs, ce vœu du matin de sa vie, par lequel, s'engageant à être « l'épée de Dieu », elle jure de rester « pure de cœur et de corps ». Quelle réponse que ce vœu de virginité qui la place à la hauteur de sa mission providentielle ! Désormais, sa pensée ne se nourrira que des idées du bon, du beau, de la justice et du vrai ; car c'est le privilège de la pureté, de rendre l'esprit plus libre et plus dégagé dans son essor vers le bien. Son cœur sera plus aimant, à mesure que les tendresses exquises monteront, comme un tribut réservé, vers Dieu son époux bien-aimé, ou qu'elle les laissera reposer, sous son approbation, sur les êtres qui seront dignes d'en jouir. Chasteté d'un tel cœur, transparence du cristal dans laquelle se complaît le regard de Celui qui ne saurait voir rien d'impur. En un mot, si Dieu se sert des anges pour proclamer et faire exécuter ses ordres, Jeanne, messagère de Dieu, sera un ange sous une forme humaine.

La preuve la plus éclatante que, parvenue à cette hauteur sublime de son vœu, Jeanne est devenue pour ainsi dire immatérielle, c'est qu'au milieu des dangers les plus redoutables de la vie militaire, et dans les pièges les plus horribles de sa captivité, elle est restée invulnérable. Les hommes d'armes qui la protègent, à son départ de Vaucouleurs, ont sans doute promis au sire de Baudricourt qu'ils feront à leur compagne « bonne, loyale, et sûre conduite », mais ils ne pouvaient prévoir que c'était elle-même, par l'ascendant de sa vertu, qui les protégerait contre leurs propres passions, et les rendrait meilleurs. Leurs aveux, qu'il est bon de rappeler ici, sont concluants. Jean de Nouillompont ou de Metz, Bertrand de Poulangy, Julien de Honnecourt et les autres, attestent que, pendant le tête-à-tête continuel et le contact inévitable d'un trajet de onze jours, elle leur apparaissait moins comme une femme que comme un ange. Bien loin que sa vue ait jamais éveillé en eux un sentiment dont elle aurait pu rougir, ils se sentaient plus purs en l'appprochant.

C'est donc impunément qu'au milieu d'hommes dissolus tels qu'il s'en trouve trop souvent dans les armées, elle peut apparaître ornée de toutes les grâces de la jeunesse et de la beauté : le charme qu'elle exerce, sans y prétendre, ne fait aucun appel aux sens. En effet, selon la délicate remarque d'un écrivain (¹) : « On ne désire pas posséder les anges, on tremble devant eux et l'on adore, à genoux devant leur face, un reflet de l'idéal divin. » La sereine majesté, ajouterons-nous, qui protège ces anges de la terre, tient à distance les intentions malsaines et semble dire, au nom de Dieu, à toutes les témérités profanes : « *Nolite tangere Christos meos* (²) : Arrière ! on ne touche pas à ceux que j'ai marqués du sceau de ma prédilection. »

Contemplons maintenant la vierge guerrière ayant revêtu la cuirasse des combats pour garantir son corps, et le costume du chevalier pour mieux abriter sa pudeur. À sa vue, les désordres cessent, les paroles licencieuses sont retenues, et, des rangs disciplinés de ses soldats repentis et confessés, il ne partira désormais aucun propos capable de blesser son innocence. La grossièreté ne lui arrivera plus que de l'Anglais, qui répond, ici même, à ses sommations inspirées, par l'envoi au bout de ses flèches d'injures infâmes que Jeanne ne peut entendre sans pleurer. Larmes sacrées de la pudeur, sainte douleur d'un cœur pur, recevez le tribut

---

1. M. Siméon Luce, de l'Institut.
2. Ps. civ, 15.

de notre respect... Mais voici que la Pucelle est déjà consolée, puisque, souriante, elle essuie ses yeux en disant : « Mon Seigneur sait bien que ce ne sont que des mensonges ! »

Pour achever de peindre et de faire ressortir, en son héroïque intégrité, l'angélique vertu de Jeanne, il faudrait vous introduire, Messieurs, dans la prison de Rouen, et aborder avec vous la page si douloureuse des gardiens impudents. Le courage nous fait défaut. D'ailleurs, tout n'est-il pas résumé dans cet écho éloquent, qu'il m'est agréable de réveiller au bout d'une année : « Après sa mort, les voiles ont été déchirés, les vieux papiers poudreux des archives ont révélé leurs secrets. Nous le savons maintenant, Jeanne n'est pas morte seulement martyre de la patrie, elle est morte martyre de la pureté (¹). »

A quelques lieues de votre cité, dans sa terre de Beaugency où le fidèle et respectueux ami de Jeanne, Dunois, s'était retiré, on peut lire encore, dit-on, ces mots qu'il fit écrire à la voûte de son oratoire : « *Cor mundum crea in me, Deus* (²) : Seigneur, créez en moi un cœur pur. » Le vieux guerrier montrait par cette prière qu'il restait sous le bienfait de ses souvenirs. Il songeait à la vision qui lui était apparue, à la créature idéale dont il avait pu dire : « Oncques se trouva femme plus chaste. Il y avait en elle quelque chose de divin. » En évoquant à notre tour la mémoire bénie de la Pucelle, que nos voix, Messieurs, s'unissent à cette heure, pour répéter la prière inscrite au vieux manoir : *Cor mundum crea in me, Deus.*

C'est le propre de l'innocence d'avoir pour compagne inséparable l'humilité.

Si, parvenue à la hauteur exceptionnelle où nous venons de l'admirer, Jeanne allait en tirer vanité ? Si, voyant les miracles accomplis par son bras, elle allait

1. Mgr Perraud, Panégyrique de 1887.
2. Ps. L, 11.

en revendiquer la gloire ? Hélas ! tout l'échafaudage de ses vertus croulerait par la base. Mais ne craignons rien, Messieurs : les exigences de beauté surhumaine qui travaillent nos esprits à son sujet vont être satisfaites sur ce point comme en tous les autres. Là encore, l'âme de la Pucelle se révèle sous un jour de perfection qui ne laisse rien à désirer.

Certes, après le triomphe éclatant d'une cause réputée perdue, quand les villes emportées d'assaut retentissent de vivats et de noëls : lorsque la foule prodigue à une conquérante les témoignages d'un enthousiasme qui revêt la plus haute forme du respect, la vénération ; quand les baisers sont imprimés aux vêtements ainsi qu'à la trace des pas ; lorsqu'enfin on demande à la main qui tient l'épée de se lever pour bénir : convenons qu'il y a, dans de telles ovations, de quoi donner l'enivrement à une pauvre villageoise. Il n'en fut rien, pourtant. Depuis le jour où, d'inspiration, elle va droit au Dauphin. qu'elle reconnaît sans l'avoir jamais vu. jusqu'à celui où elle le fait sacrer à Reims. rien ne trahit en elle un calcul. une bassesse. une prétention. Son objectif est plus haut. Étrange et attendrissant spectacle que celui d'une fille de dix-huit ans. arrivant de ses prairies lointaines pour haranguer un prince royal, le conduire, en le protégeant par une série de triomphes, à l'onction de la sainte ampoule, dédaignant les offres de titres nobiliaires, de richesses et de dignités qui lui sont faites, et réclamant une seule fois, pour l'étendard qu'elle a porté victorieusement au combat, le droit « d'être à l'honneur, puisqu'il a été si souvent à la peine ».

Mais insistons encore. Tout homme se fait connaître, et, pour beaucoup. il serait plus juste de dire, se trahit par sa parole. Celle de Jeanne la livrera-t-elle à son insu ? Messieurs, la parole de l'envoyée du Seigneur ne dévia jamais du sens de sa mission et en fut l'expression la plus achevée. Dieu est vérité ; or, sur les lèvres de l'inspirée, le sceau divin du vrai ne redoute

pas le contrôle pour sa parfaite intégrité ! Parole simple,
nette, rigoureuse parfois, translucide et pénétrante :
langage fort et souple, sensé et tranquille, chaud et
enjoué, imposant à ceux qui l'entendent la certitude
invincible qu'il est une résonnance de la voix de Dieu,
et traduisant aussi la joie indicible d'une communication
immédiate avec le ciel.

Jeanne a prédit l'avenir, parce que *ses voix* le lui
dictaient. Dès lors, ne cherchez rien dans son langage
qui rappelle les transports délirants des prêtresses et
des Sybilles fameuses. Les descriptions poétiques de ces
visages terribles *non comptæ mansere comæ*, de ces
cœurs pleins de rage à l'approche du Dieu, « *rabie
fera corda tument* », l'accent de cette voix qui n'a
plus rien d'humain, *nec mortale sonans* (¹), tout cet
appareil épique est ici hors de saison. Quand elle
aura parlé, on ne dira pas, en rapprochant son langage
de celui d'une divinité qu'on ne peut nommer ici :
Bacchatur vates. Elle n'eut jamais rien de commun
avec la source d'inspiration de ce prétendu dieu.

Loin d'elle encore les sentences, tantôt farouches et
tantôt emmiellées, des prophétesses de la Sophistique,
aussi bien que les maximes enflées d'un stoïcisme im-
praticable. Ses visions, loin de l'exalter, la laissent
calme dans l'intrépidité. Elle rend compte, naïvement,
des luttes naturelles de son cœur contre les injonctions
impérieuses du « Conseil de ses Saintes ». — « Il faut,
dit-elle, que je sois devers le Dauphin Charles avant
la mi-carême ; il le faut, et j'y serai, dussé-je user mes
jambes jusqu'aux genoux. » Puis elle ajoute en s'attendrissant : « J'aimerais mieux rester à filer près de
ma pauvre mère, car ce n'est pas là mon ouvrage ; mais
il faut que j'aille et que je le fasse, parce que mon
Seigneur le veut. » Toujours, vous le voyez, c'est l'effa-
cement de sa personne pour la mise en relief de sa
tâche. « Les gens d'arme combattront, dit-elle encore,

1. Virgile, vi, liv. de l'*Énéide* et *passim*.

et Dieu baillera la victoire. » Ne croirait-on pas qu'elle
donne le ton, un siècle auparavant, à la modestie cé-
lèbre d'Ambroise Paré : « Je le pansai, Dieu le gua-
rit. » — Quelle force et quelle fermeté dans le langage de ses sommations ! Écoutez, Messieurs, la parole
qui prélude à la gloire du jour que vous fêtez en ce
moment : « A vous. Suffolk. Glacidas et La Pole, je
vous somme. de par le Roi des Cieux, que vous alliez
en Angleterre. » — Dans les interrogatoires qu'elle
subit, semblable à une colombe inspirée, elle brise d'un
coup d'aile le réseau de méchanceté et d'arguties dans
lequel on voudrait l'enserrer. Mieux encore : on com-
prend que sainte Catherine. sainte Marguerite, toutes
les deux jeunes, vierges et martyres, ce que Jeanne
devait être à son tour, lui aient été données pour con-
seillères, et l'on croit avoir sous les yeux une page des
Actes des Martyrs.

IV

A mesure que l'âme de Jeanne d'Arc se révèle à
nous, entre autres difficultés pour la peindre. apparaît
celle-ci : toutes ses vertus s'appellent l'une l'autre, pour
s'établir en elle à un degré éminent. Jamais la parole
d'un ancien, constatant que les vertus sont enchaînées
entre elles *vinculo concatenatæ sunt* ne se trouva
mieux justifiée. Sans doute, les qualités maîtresses se
montrent supérieures. et brillent d'un éclat plus vif, par
leur importance même, mais sans prédominer, au détri-
ment de celles dont l'objet reste secondaire. Aussi
devrait-on, en dévoilant une âme si riche et si bien ornée, passer en revue tous les mérites que Dieu récom-
pense dans le ciel. Cependant il faut se borner et se
résigner à faire un choix.

Mais comment ne pas célébrer la bonté de Jeanne

d'Arc ? Est-il possible de faire revivre la Pucelle d'Orléans en oubliant son cœur, ce cœur dans lequel, à côté de la candeur et de l'humilité, Dieu a déversé si abondamment les doux trésors du sien ? Bonté de Jeanne, vous m'attendrissez ! Comment vais-je pouvoir vous retracer ?

Procédons d'abord par comparaison.

Tous les enfants bien nés ont le culte de la famille ; Jeanne est déjà un modèle de l'amour filial et de la docilité qui part du cœur. Personne, en effet, n'a dit à sa bonne mère, avec une tendresse plus épanouie, ce que la *bergerette* disait à la sienne, lorsqu'elle la tenait enlacée de ses deux bras pour mieux la couvrir de baisers : « Mère, que je vous aime ! que je vous aime ! » J'admets qu'on puisse entourer comme elle d'une amitié vraie et sans mélange d'égoïsme jaloux les petites amies, telles que Mengette et Hauviette, avec lesquelles on a grandi. Mais la douce commisération pour les étrangers qui souffrent, la compassion, à cet âge dont on a dit qu'il « est sans pitié », voilà qui est plus rare et caractérise particulièrement cette enfant.

Je la vois donc, s'apitoyant sur la misère des vieux mendiants qui passent, leur conférer les soins les plus affectueux, demander la permission, et elle l'obtient, s'ils n'ont pas de gîte pour la nuit, de leur céder son propre lit, tandis que, près de l'âtre, sur la terre nue, elle essaie de s'endormir en souriant. Alors je fais plus qu'admirer, je salue avec émotion la première apparition de nos *Petites Sœurs des pauvres*.

Plus tard, une fois les victoires remportées, au lieu de s'abandonner à l'enivrement du triomphe, je la contemple parcourant en larmes le champ de bataille, en quête des blessés.

Regardons-la, Messieurs, agenouillée près des mourants, sans distinction d'Anglais, de Bourguignons ou de Français ; elle tient leur tête défaillante appuyée sur son sein, elle songe d'abord à leur âme, pour la préparer au passage d'outre-tombe, puis la voilà qui étanche leur soif, essuie la sueur et le sang qui les baigne, mêle ses pleurs aux sanglots de leur agonie ; et comment ne pas saluer à présent la première de nos *Filles de la Charité ?*

Sa vaillance, que tout le monde admire, n'est pas celle d'un conquérant farouche, puisqu'elle pleure ainsi au milieu de la victoire. Les héros bataillent avec cœur : Jeanne bataille avec son cœur. « Je n'ai jamais vu couler sang de Français que les cheveux ne me levassent sur la tête », disait-elle après la lutte. — Le cœur a ses pressentiments ; celui de Jeanne l'éveille en sursaut et l'avertit que ce sang, qui lui est si cher, est répandu sans qu'elle soit là pour le défendre. « Mes armes ! mon cheval ! s'écrie-t-elle pendant l'attaque de la bastille de Saint-Loup. Pourquoi ne me disiez-vous pas qu'on répandait le sang de la France ? » Son épée pourtant ne tua jamais personne, et l'histoire rapporte qu'à l'exception du sien, qui coula deux fois, ce fut sans verser une goutte de sang qu'elle eut le bonheur de reprendre tant de villes, pour les rendre à son roi.

Ce roi, en dehors même des services éclatants qui traduisaient en actes le dévoûment à sa cause, comme elle a su l'aimer, personnellement, avec un délicat respect et une ingénieuse discrétion ! Quoi de plus touchant, Messieurs, que de voir cette paysanne relever le courage abattu de son prince, veiller sur lui et lui prodiguer, avec les ménagements que le cœur inspire, les conseils désintéressés et les plus utiles avertissements ? Fils détesté de sa mère et trahi par cette reine sans pudeur, il va se désespérer, lorsque tout à coup, malgré l'étrangeté, jusqu'à l'invraisemblance, de la situation de jeunesse, de sexe et de condition, de celle qui vient à lui, il trouve enfin une mère (l'autre avait cessé de l'être) dans une enfant de dix-huit ans. Oui, Messieurs, une mère, ce mot n'a rien d'excessif, car, en enlevant le doute cruel qui pesait sur sa vie depuis le berceau, c'est une seconde naissance que le cœur de Jeanne a donnée au *gentil* Dauphin, devenu ensuite, par elle, Charles VII le Victorieux.

Le monarque reconnaissant lui propose les récompenses les plus enviables. La Pucelle, dénuée de toute ambition et dédaigneuse des hochets glorieux, se souvient de cette terre de Lorraine que ses vœux ne cessent de rechercher. Son cœur lui commande d'employer son crédit à le soulager dans la détresse qui l'afflige : « Sire, répond-elle aux offres du roi, qu'il vous plaise d'exempter pour toujours des impôts et des taxes les pauvres hameaux de Greux et de Domremy. »

Toutefois, malgré l'affection vouée aux êtres chéris qui peuplent son souvenir, malgré les charmes des prairies de la Meuse et ceux de cette *Vallée des couleurs* vers laquelle se retournent incessamment ses désirs, la Patrie, dans le vaste cœur de Jeanne d'Arc, ne se confine pas au toit paternel et aux champs qui l'entourent. Son amour du sol natal ne revêt pas le caractère des vagues rêveries d'une fille sentimentale ; c'est la Patrie, la France tout entière, qu'elle aime d'un amour raisonné, auquel tout autre de la terre reste subordonné et sacrifié. « Quand j'aurais eu cent pères et cent mères, disait-elle à ses juges, je serais partie. »

Et pourquoi l'aimer ainsi, cette France humiliée ? Précisément parce qu'elle souffre et qu'elle est victime d'une injustice. L'idée de délivrance et celle de justice, voilà les deux grands moteurs du patriotisme de Jeanne d'Arc. La plaie doit se guérir, le tort se réparer : pas de repos pour elle jusqu'à ce que la France revive dans l'intégrité de son territoire et sous le sceptre unique de son roi légitime.

Telle est la bonté forte d'un cœur généreux. Il ne faut pas la séparer de la bonté tendre si intéressante à étudier dans la Pucelle.

En effet, la recommandation touchante que le Sauveur adresse à ses disciples : « *Apprenez* de moi que je suis doux et humble de cœur (¹) », ne fut jamais mieux comprise ni mieux pratiquée. Aussi, je ne crains pas de rapprocher les attendrissements de Jeanne, de ceux que l'Evangile nous fait adorer dans Jésus. J'ai déjà dit les larmes de l'héroïne ; Jésus-Christ aussi, le Dieu fort, a pleuré. Il a pleuré sur Jérusalem menacée ; il a pleuré sur le cadavre de Lazare. A Béthanie. lorsqu'à son ordre le sépulcre de son ami est ouvert, quand le mort lui apparaît dans sa décrépitude, Jésus commence par trembler. Cet effroi, dont le sens ne saurait nous échapper. n'est qu'un prélude aux larmes qui vont couler : — *Et lacrymatus est Jesus*, et Jésus pleura (²). — Le récit s'arrête discrètement à ce verset d'une si éloquente brièveté : il semble qu'il faille. pour les recueillir avec plus de respect, laisser tomber en silence les larmes de l'ami divin. Puis. après cet instant d'interruption, entendons ce cri ému de tous les assistants : « Voyez donc comme il l'aimait (³)! » — Plus d'une fois. sans doute. ils durent pousser un cri semblable d'admiration, les soldats qui suivaient sur les champs de bataille Jeanne baignée de pleurs. près des blessés et des mourants.

Mais Jeanne a aussi pleuré sur elle-même, et ses larmes ingénues ne sont-elles pas une défaillance et une faiblesse ? Messieurs, elles m'émeuvent et je les admire autant que les premières, parce que j'y trouve la caractéristique de la simplicité d'un cœur qui ne connut jamais l'ostentation. la pose, non plus que la prétention chimérique d'être une nature surhumaine. Oui, elle a raison de ne point retenir et de ne point cacher ses pleurs, quand elle est frappée de sa double blessure, celle que la méchanceté grossière voudrait porter à sa pudeur, et celle de la flèche des Tourelles qui fait couler son sang. Prononcerait-on ici le mot de pusillanimité ? Ce serait la première fois. D'ailleurs, regardez : de sa

1. MATH., xi, 29.
2. JOAN., xi, 35.
3. JOAN., xi, 36.

propre main le trait vient d'être arraché de son épaule; la voilà à cheval, et, malgré les instances qui voudraient la retenir pour lui donner des soins, déjà elle est élancée au plus fort de la mêlée.

Ce corps qu'elle ménage pourtant si peu, puisque, à chaque instant, elle l'expose à la mort, lui impose les plus dures fatigues et le soumet encore, dans l'intimité de sa vie, aux rigueurs d'une pénitence austère, après l'avoir ainsi dompté, voici que son âme vit en paix avec lui; dès lors, il lui paraît cruel de s'en séparer prématurément. « Hélas ! hélas ! dit-elle, avant de monter au bûcher, faut-il me traiter si rudement, qu'il faille que mon corps net et pur, qui ne fut jamais souillé d'aucune tache ni corruption, soit aujourd'hui réduit en cendres. » Ce sentiment s'exhale sans amertume, sous un reflet de douce résignation à la volonté du ciel, témoin ce mot touchant : « Je crois que puisqu'il a plu à Notre-Seigneur, c'est pour mon bien que j'ai été prise. »

Pauvre enfant ! j'entends avec un indicible serrement de cœur son dernier cri d'appel jeté à sa mère, aux vallons chéris, aux prairies et aux bois de Domremy. Il est poignant aussi, cet autre cri d'angoisse, qu'elle pousse à l'idée du bûcher qui va la consumer : « J'ai peur ! j'ai peur ! j'aimerais mieux être décapitée que brûlée vive ! » Mais une fois dans les flammes, elle s'oublie elle-même : « Maître Martin, crie-t-elle à son confesseur, prenez garde : le feu ! le feu ! Descendez ! » — Elle songe aux conséquences redoutables d'un supplice qui peut appeler le châtiment : « O Rouen, j'ai grand peur que tu n'aies à souffrir de ma mort ! » Enfin, ce cri suprême, parti des profondeurs de son âme : « Jésus ! Jésus ! » n'est-il pas la réponse de son cœur au *Consummatum est* du Golgotha ?

Oh ! Messieurs, comme Jeanne d'Arc laisse à distance ces êtres extraordinaires, idoles passagères de la foule, dont les actes de dévoûment extravasé donnent, en résumé, à l'analyse, plus d'étrangeté et d'étonnement que d'admiration et de sympathie ! Comme elle se sépare. pardonnez le mot qui m'arrive. de ces *viragos* démesurées. plus sauvages qu'héroïques. qui dépassent l'idéal pour aboutir à l'extravagant. et chez lesquelles enfin, à regarder les choses de près. perce toujours par quelque endroit. une visée de popularité !

Bonté de Jeanne d'Arc. encore une fois vous m'attendrissez, parce que vous êtes restée sans artifice et que votre sincérité ne s'est jamais démentie.

Jeanne la bonne ! Jeanne la victorieuse ! Ils ont dit vrai. ces compagnons de votre vie, qui. répondant aux interrogations des juges. ont porté sur vous ce témoignage si complet dans sa simplicité : « Jeanne était toute bonté. » Oui. depuis ces fraîches années où les oiseaux des champs. comme jadis, avant le péché, ceux du Paradis terrestre attirés vers l'homme innocent. voltigeaient sur votre épaule et gazouillaient sans crainte. dans le rayonnement de votre bonté, jusqu'aux jours de vos aumônes princières et à ceux de la *grande pitié* qui s'était fixée en votre cœur, je salue en vous un des plus doux reflets de Celui dont il est écrit : « Dieu est amour ». et je répète avec admiration : « Jeanne était toute bonté. »

V

Si haute que soit déjà dans notre estime et notre reconnaissance l'âme de Jeanne d'Arc, nous ne l'avons cependant pas encore contemplée sur la cime maîtresse de son élévation, je veux dire sa piété. Reprenons ici le cri de ses *voix*, pour lui dire une fois de plus: « Va, fille de Dieu, va, va! arrive au sommet culminant de tes vertus ; c'est là que tu dois entrer en communication plus personnelle avec Dieu. »

Sans Dieu intervenant dans l'âme de la bergère. impossible, Messieurs, de comprendre et d'expliquer

Jeanne d'Arc. Sans Dieu, les merveilles de sa vie morale, comme les prodiges de sa grande mission, restent une énigme dont nous avons perdu la clef. Sans Dieu, le succès de la tâche patriotique n'est plus que l'œuvre d'une visionnaire maladive, ou celle d'une menteuse effrontée. La délivrance de notre patrie n'est due qu'à l'accident d'un illuminisme naïf, ou à la réussite d'une supercherie punie finalement par la mort. Qu'on ne se réfugie pas, comme quelques-uns ont essayé de le faire, en passant entre ces déductions rigoureuses, derrière le vague des idées et sous l'élasticité des termes indécis, pour ne trouver en Jeanne d'Arc que « la personnification idéale de ces forces vierges et ignorées, qu'une nation recèle dans son sein, et qui éclatent à une heure donnée ». Ces atténuations du surnaturel et ces biais sont inadmissibles. Jeanne a dit : « Je suis l'épée de Dieu ; » elle l'a prouvé, il faut la croire.

Sans Dieu encore, dans le domaine intime de sa vie privée, la Pucelle est de même découronnée de son auréole de vertus ; sa personnalité morale est dénaturée, parce qu'on lui enlève ce qui est « le tout de l'homme, la piété (¹) ». Votre illustre évêque, qui, à tant d'autres gloires dont l'Église de France restera toujours fière, a ajouté celle de mériter le nom d'*évêque de Jeanne d'Arc*, a recherché avec amour le principe des grandes actions de l'héroïne, et voici comment il a formulé le résultat de cette investigation : « Soit dans sa paisible existence de Domremy, soit après le bruit des batailles, quand la poussière du combat est tombée, lorsqu'on cherche la source cachée d'où jaillissaient ces grandes actions dont l'histoire est émerveillée, ce qu'on trouve, c'est la piété des saints : l'amour de Notre-Seigneur, de sa croix, et aussi la piété envers la Très Sainte-Vierge (²). »

1. BOSSUET, *Oraison funèbre de Condé*.
2. Mgr DUPANLOUP, 2ᵉ panégyrique.

La piété se révèle par les actes. En voici d'une perfection achevée.

Mentionnons rapidement l'amour de Dieu, naïf, profondément senti, de Jeanne dans sa première enfance : c'est l'oblation matinale d'un cœur à son éclosion. Regardez-la à Domremy : vous avez sous les yeux un ange avec les grâces enfantines, en contemplation devant Dieu. A Vaucouleurs, c'est une sainte dans l'extase de la prière. L'attente était anxieuse pour elle, à Vaucouleurs ; le sire de Baudricourt se laissera-t-il persuadé et fléchir ? Jeanne va l'obtenir par l'ardeur de ses supplications au ciel. Pour échapper à tout regard profane, et s'abandonner avec plus de liberté aux effusions de sa piété, elle va de préférence dans la crypte de la chapelle souterraine du château : il y a là une image de la bonne Vierge qui lui sourit mystérieusement. Quel bonheur pour son âme, que ce recueillement dans le silence et l'obscurité ! Cependant, elle n'est pas aperçue que des anges qui la contemplent. Un jeune enfant de chœur de la chapelle royale, Jean le Fumeux, âgé de onze ans, aussi curieux qu'édifié, admire de son côté, la bergère agenouillée. Vingt-sept ans plus tard, il déposera dans le procès de réhabilitation, que, souvent, il a vu Jeanne « tantôt debout et les mains jointes, tantôt le visage prosterné contre terre, tantôt le regard élevé jusqu'aux cieux ». Cette prière, Messieurs, est la préface des gloires que nous fêtons aujourd'hui.

Existe-t-elle encore cette chapelle ? Hélas ! le plan seul en reste dessiné, par quelques vestiges des lignes architecturales que le temps a conservés, c'est triste à dire, malgré nous. Qu'il soit permis, puisque l'occasion favorable lui en est donnée, à celui qui a eu l'honneur inoubliable d'être l'évêque de Vaucouleurs (¹), d'appeler l'attention de cette immense assemblée, et il voudrait que cet appel fût entendu de la

---

1. Vaucouleurs appartient, comme on le sait, au diocèse de Verdun.

France entière, sur les les ruines les plus dignes du respect et de l'amour de tout Français. N'y aura-t-il pas une parole de résurrection qui retentira sur elles ? « *Lapides vivi, superœdificamini :* Pierres vivantes, soyez réédifiées (¹) ! » En vérité, laissera-t-on plus longtemps ce sanctuaire d'où est sortie notre propre résurrection, au milieu des décombres et dans un abandon qui accusent l'indifférence, ou plutôt un oubli de notre pays, plus haut encore qu'ils ne proclament le bienfait de sa délivrance? Messieurs, adoptons cette idée qu'il faut poursuivre jusqu'au bout. Nous nous le devons à nous-mêmes autant qu'à Jeanne d'Arc : il faut qu'on puisse aller prier bientôt, dans ce sanctuaire où la prière est devenue la victoire. Et, puisque là-bas, les enfants pieuses se dénomment elles-mêmes, avec une prétention charmante, « les petites sœurs de Jeanne d'Arc », pourquoi quelques-unes d'entre elles, groupées sous une aile maternelle et religieuse, ne reprendraient-elles pas, aux pieds de la Madone, la prière patriotique de leur sœur aînée (²) ?

La prière fut l'arme la plus puissante de Jeanne d'Arc. A l'attaque des Tourelles, les capitaines vont céder : la guerrière se retire à l'écart pour prier. Que se passe-t-il alors entre elle et Dieu? L'enfant, j'allais dire la sainte, se relève, brandit son étendard et s'écrie : « Entrez hardiment, tout est vôtre. » Non seulement elle prie, mais elle fait aussi prier ceux qui étaient déshabitués de ce devoir. A Chinon, elle arrache les courtisans à leur vie molle et à leur scepticisme pratique, pour leur remettre le nom de Jésus sur les lèvres et son amour dans le cœur. Sa grande préoccupation durant la

---

1. I Epist. Petr., II, 6.
2. La statue de *Notre-Dame-des-Voûtes*, qu'il eût mieux valu peut-être ne pas restaurer, parce que la vétusté et les mutilations ne la rendaient que plus vénérable, est placée dans l'église paroissiale de Vaucouleurs. Elle attend le jour (il faut espérer qu'il sera prochain) où on la reportera solennellement à la crypte de l'ancienne chapelle réédifiée dans son plan.

trève des combats est de faire chanter des hymnes, autour de son pieux étendard. Prêtres. capitaines. religieux, soldats, tous l'environnent avec respect et s'unissent à sa prière. « Allons, venez à notre confrérie, » crie-t-elle à ceux qui passent à distance, et le camp tout entier implore, dans ses cantiques ainsi que par la récitation du *Pater,* le secours du Dieu des armées. Quand la bataille va s'engager, c'est elle-même qui entonne le *Veni Creator,* et quand elle est gagnée, avant toute chose elle ordonne que le *Te Deum* soit chanté.

L'audition de la sainte messe fut toujours son plus vif désir et lui causa ses plus douces joies. Louis de Contes. son page, rapporte qu'au moment de l'élévation « elle répandait des larmes très abondantes. » Quand elle apercevait l'église d'un village : « Si nous pouvions entendre la messe, disait-elle, comme nous ferions bien ! » Pour se dédommager de cette privation qui, pendant son voyage avait duré onze jours, au premier bourg libre où elle arriva, elle assista le jour même, à trois messes consécutives. Dans sa prison, quand il lui est interdit d'aller se prosterner aux pieds de l'autel, elle obtient de son gardien de s'agenouiller du moins, à l'extérieur. devant la chapelle où réside le Saint-Sacrement : sa foi et sa piété, perçant l'obstacle de la muraille, s'unissent à celles des anges adorateurs du sanctuaire. Enfin, à travers le crépitement des flammes de son bûcher, un cri retentit vibrant et suppliant : « Vous, prêtres qui êtes ici, dites chacun une messe pour le repos de mon âme. »

Telle est la dévotion angélique de Jeanne au saint sacrifice de la messe.

Son respect pour le dimanche et pour le nom sacré de Dieu n'est pas moins digne de notre attention. Ce 8 mai qui est devenu la date la plus glorieuse pour votre cité, Messieurs, tombait, il y a 459 ans, un dimanche. Un autel est dressé par les ordres de la Pucelle en plein air, en face de l'ennemi ; deux messes y sont célébrées. Par respect pour la sainteté du jour, défense est faite d'attaquer. « S'ils veulent combattre, nous serons les maîtres, » dit la guerrière. Et, lorsqu'en effet la victoire est venue récompenser sa piété et sa foi, « ne les poursuivez pas outre, dit-elle, parce que c'est aujourd'hui dimanche : nous les aurons une autre fois. » Rentrant alors dans la ville, elle se rend ici même dans cette basilique de Sainte-Croix, où, après le *Te Deum*, elle assiste pieusement aux vêpres, sans se préoccuper des dispositions militaires à prendre, ou d'un repos dont la nécessité semblait s'imposer. Le règne de Dieu d'abord, le reste viendra par surcroît.

Le blasphème devient chose inconnue dans le camp ; elle apprend à ceux qui en avaient la triste habitude, à le combattre comme le principal ennemi, à le redouter comme le seul fléau qui porte malheur.

Étrange et sublime commandement que celui qui prélude à la lutte, par cet ordre proclamé avec la plus vibrante énergie : « Confessez-vous ! Rentrez en grâce avec Dieu. Il faut que le camp soit purifié de toute corruption et souillure. Prenez garde : pour punir les péchés des hommes, Dieu permet la perte des batailles. » Mystérieux ascendant d'une fille de dix-sept ans, imposant par sa parole la réception des sacrements et la pureté, à des soldats qu'une dépravation invétérée a flétris ! Touchante préoccupation du salut des âmes, sans distinction d'amis et d'ennemis ! Quand les Anglais succombent en masse : « Grand Dieu ! s'écrie-t-elle en pleurant, ils meurent sans s'être confessés ! j'ai grand pitié de leur âme ! »

Si jamais, Messieurs, cette ville si chétienne venait, par malheur, à ne plus justifier son antique renom de *cité fidèle ;* si les idées élevées qui ont fait son honneur jusqu'à présent, arrivaient à s'abaisser et à s'obscurcir, elle n'aurait qu'à prêter l'oreille aux échos de son passé pour retrouver son salut : du sein de la brèche triomphante qui l'a délivrée, et de la rupture de son pont renversé, une voix claire, suppliante, dominant toutes les

clameurs, lui crierait comme autrefois à Glacidas :
« Orléans, songe à ton âme, j'ai pitié d'elle ; rends-toi au
Roi du ciel ! »

Q'est-il besoin d'ajouter, Messieurs, à de tels actes
et à un tel langage, pour achever de peindre la piété
suréminente de Jeanne d'Arc ? Assurément ces preuves
d'amour sont concluantes. Toutefois, voulez-vous sur-
prendre encore ce cœur si délicatement uni à Dieu,
dans deux indices qui ne sauraient tromper ? Regardez
l'anneau mystique qui brille à son doigt, et le blason de
son étendard qui flotte au combat.

L'anneau d'or bénit qu'elle baise des milliers de fois,
à l'endroit où sont inscrits deux noms qu'elle y a fait
graver : *Jesus ! Maria !* c'est le signe authentique qu'elle
est fiancée au Roi Jésus, par le vœu de son virginal
amour et que Marie, dépositaire du serment, doit con-
server son cœur à la hauteur d'une si douce alliance.

Sur son étendard, dont elle a composé le sujet, car il
lui faut des *armes parlantes*, apparaît dans un rayonnement d'or Jésus-Christ Roi du monde. Là encore est
fixé le premier, le dernier, l'unique soupir de son âme :
Jesus ! Maria ! Sa piété exige en plus, que le pennon
porté devant elle, montre à tous les yeux l'ange de
l'Annonciation saluant la Mère de Dieu. Alors l'armée
entière, imitant son exemple, fait flotter de toutes parts
d'innombrables pennonceaux, qui propagent dans les
rangs, avec les blanches couleurs de Marie, la confiance de Jeanne en cette Reine de la victoire.

O Michel, prince de la céleste Milice, en apparaissant
à l'enfant de Domremy pour lui donner sa mission,
comme vous lui avez bien insufflé les qualités avec lesquelles s'est accomplie la vôtre ! Quand on combat
pour la cause de Dieu, Lui seul doit apparaître ; car, en
frappant ses ennemis, il faut qu'on puisse leur dire
comme vous : « *Quis ut Deus ?* Qui est semblable à
Dieu (¹) ? » C'est à ce cri puissant que les légions re-

---

1. Juda, IX.

belles furent précipitées dans les abîmes. Satan, leur chef, devait recevoir une notification particulière de la volonté du Très-Haut. Il avait dit : « Je n'obéirai pas, » et Michel de s'écrier : « *Imperet illi Deus !* Que Dieu lui commande ([1]) ! » Et la volonté de Dieu s'impose au révolté.

Ainsi, Jeanne a pour mission spéciale de chasser, *de par Dieu*, l'envahisseur qui détient injustement la terre de France. « Place, dit-elle, au vouloir de Dieu ! Le Roi du Ciel, mon maître, vous ordonne de quitter ce pays que vous détenez contre toute justice. Dieu sera le plus fort. » Plus tard, dans les interrogatoires insidieux qu'elle subit, elle répond à ceux qui lui demandent si Dieu aime plus les Français que les Anglais : « Qu'il les aime plus ou moins, je ne sais, et ce n'est pas mon affaire ; mais, ce que je sais, c'est qu'il les veut hors de France. » En vérité, l'inspirée est digne de celui qui l'envoie.

Je ne puis me défendre de rapprocher une dernière fois, dans les mêmes sentiments d'amour, trois noms qui s'appellent mutuellement, pour rester désormais inséparables : Michel, Jeanne d'Arc, la France ! Un Archange et une Vierge, pour protéger une Nation ! Comme leur tâche a bien été remplie ! Là-bas, à une des extrémités de la terre de France, « au péril de la mer », l'Archange a déployé son aile sur le Mont qui porte son nom. En dépit des assauts furieux, les couleurs nationales n'ont jamais cessé de flotter sur ce fier rocher, qui restait la seule espérance du roi dépouillé : l'Angélique Sentinelle veillait.

A la même heure, le Protecteur céleste évoquait, à l'extrémité opposée, une enfant de la terre de Lorraine, afin de lui faire remporter au 8 mai, le jour même de sa fête, un des triomphes décisifs pour la cause de la Patrie. Quatre siècles se sont écoulés : les deux noms, toujours unis, sont acclamés par la reconnaissance de

1. Juda, IX.

tout un peuple. Du haut du ciel, l'Archange et la Vierge bénissent et rassurent. O France, quelles que soient les secousses qui t'agitent parfois, crois et espère ! Pour te sauver, tu n'as qu'à lever les yeux vers le ciel : tes protecteurs te sourient et te disent : « Va, Fille de Dieu, va ! va ! Rentre dans l'orientation de ta vraie destinée, et continue à faire l'Œuvre de Dieu dans le monde : *Gesta Dei per Francos !* »

VI

Parmi les disciples du Sauveur, il s'en trouva deux qui, après les événements de Jérusalem, cheminaient pleins de tristesse sur la route d'Emmaüs. Leur pensée était déconcertée autant que leur cœur désolé. « Eh quoi ! se disaient-ils entre eux, la bonté et la puissance qui ont éclaté sous nos yeux devaient donc aboutir à une croix ! » La réponse du Maître vint tout rétablir dans leurs idées troublées : « Ne fallait-il pas que le Christ passât par les souffrances, pour entrer ainsi dans la gloire ? »

Aux tristesses étonnées qui accompagnent Jeanne d'Arc à sa dernière élévation, celle du bûcher de Rouen, il y a la même réponse à donner. Il fallait à cette âme si enrichie de mérites « ce je ne sais quoi d'achevé que donne le malheur (¹) ». Après Orléans et les victoires, Reims et le sacre, il fallait Rouen et le martyre. Va, Fille de Dieu, va !

Nos esprits, malgré les douleurs qu'ils en ressentent, sont convaincus de cette vérité, dont le Christianisme a fait une loi. Disons donc, en nous élevant au-dessus des ignominies des juges, et quels juges ! au-dessus des trahisons et des abandons coupables, au-dessus des

---

1. Bossuet.

insultes lâches et des flammes horribles, le beau vers
du grand poète (¹) qui, né dans le voisinage de cet héroïque bûcher, pensait peut-être à la martyre quand
son génie le lui dictait :

« Où la conduisez-vous ?

— A la mort.

— A la gloire ! »

Oui, c'est la gloire qui l'environne sur terre comme
dans les cieux.

Quel concert unanime monte de tous les coins du
globe pour acclamer la plus étonnante merveille de Dieu
dans une chair humaine ! Plus de note discordante : la
nation qui fut vaincue, non seulement lui rend justice à
présent, mais elle fournit, comme on a pu le voir ici
même, un de ses pontifes éloquents pour proclamer
ses vertus et chanter ses triomphes (²). Aujourd'hui
encore, c'est un des fils des nobles lords que la Pucelle
a battus, qui, revêtu de la pourpre romaine, s'est
fait un des plus ardents promoteurs de la béatification
de Jeanne la Victorieuse.

En visitant l'humble chaumière où elle vit le jour,
l'étranger, à quelque nationalité qu'il appartienne,
admire et s'attendrit. Faut-il rappeler que, pendant la
terrible année de nos revers (hélas, Jeanne ne ressus-
cita point !), nos envahisseurs disaient avec un enthousiasme sincère, aux habitants de ce village de Domremy qu'ils occupaient : « Que vous êtes heureux
d'avoir eu Jeanne d'Arc ! Ah ! si nous avions une
Jeanne d'Arc dans notre histoire ! » Et il fallait défendre
la chaumière de la bergère, non pas contre les attentats
irrespectueux, mais contre les entreprises trop enthou-
siastes de leur admiration.

Excelsior ! Toujours plus haut ! La terre prend à
son tour la parole du Ciel pour dire à notre libératrice :

1. Corneille, *Polyeucte*.
2. Mᵍʳ Gillis, évêque d'Édimbourg.

« Va, fille de Dieu, va ! va ! Nos vœux t'appellent sur les autels. Après t'avoir admirée, nous voulons te prier. »

Il y aura bientôt deux ans, une coïncidence heureuse, dont le souvenir réjouira toujours mon cœur, nous réunissait l'un et l'autre, Monseigneur, aux pieds du grand Léon XIII. Il vous souvient, avec quelle bonté le souverain Pontife accepta l'image que vous lui offrîtes de l'héroïne, image qu'il a gardée depuis sous les yeux. De mon côté je dois rappeler, avec reconnaissance, quelle bienveillance accueillit la supplique déposée entre ses mains, par celui qui avait alors l'honneur d'être l'évêque du lieu où Jeanne reçut sa mission. Le *témoin* de l'héroïne et celui de l'inspirée, accomplissaient ainsi un des vœux les plus réitérés de la captive : « Menez-moi devant le Pape ! » Nous la présentions en effet, tous les deux, non plus à la réhabilitation, mais à la couronne.

Nos désirs, plus persévérants que jamais, Monseigneur, sont fortifiés aujourd'hui par ceux de l'éminent prince de l'Église et par ceux de nos vénérés Frères qui viennent d'accourir à votre appel.

Excelsior ! Montons encore ! « Va, fille de Dieu, va ! va ! » Là haut, dans l'irradiation des beautés du Ciel, Dieu a repris, pour cette âme de choix, les invitations de sa puissance et de son amour. « Va, fille de Dieu ! » Et l'immortelle Vierge s'enfonce dans cet infini qui ne s'épuise pas, malgré la série des siècles renouvelés. « Va, fille de Dieu ! va ! » Et « dans la lumière, elle voit la lumière » montant, « de clarté en clarté ».

Ah ! des sommets de cette gloire, du sein de ce bonheur, aimable Sainte, continuez à aimer la France, à intercéder pour elle, et à bénir ses destinées !

Amen !

PANÉGYRISTES DE JEANNE D'ARC

MM.

1672. Senault (Le R. P.), de l'Oratoire.
1759 et 1760. Marolles (Claude de).
1764. Loiseau.
1766. Colas.
1767. Perdoux.
1779. Géry (de).
1805. Pataud.
1811. Pataud.
1817. Bernet.
1819. Frayssinous.
1821 et 1823. Feutrier.
1825. Longin.
1826. Girod.
1828. Deguerry.
1829. Morisset.
1830. Le Courtier.
1844. Pie.
1845. Berland.
1850. Barthélemy de Beauregard.
1853. Le même.
1855. Mgr Dupanloup.
1856. Deguerry.
1857. Mgr Gillis.
1858. Place (de).
1859. Chevojon.
1860. Freppel.
1861. Desbrosses.

MM.

1862. Perreyve.
1863. Mermillod.
1864. Thomas.
1865. Bougaud.
1866. Lagrange.
1867. Freppel.
1868. Baunard.
1869. Mgr Dupanloup.
1872. Perraud (Le R. P.).
1873. Lémann (J.).
1874. Lémann (A.).
1875. Bernard.
1876. Hulst (D').
1877. Monsabré (Le R. P.).
1878. Rouquette.
1879. Mgr Turinaz.
1880. Mgr Besson.
1881. Planus.
1882. Mgr Germain.
1883. Laroche.
1884. Chapon.
1885. S. E. Mgr Langénieux.
1885. Mgr Thomas, dans la Cathédrale de Rouen.
1886. Vié (Gustave).
1887. Mgr Perraud.
1888. Mgr Gonindard.

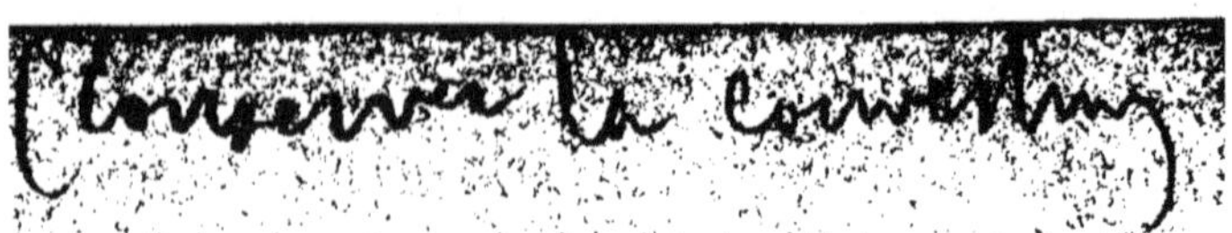

Pour paraître le 15 mai

A LA LIBRAIRIE H. HERLUISON

ATLAS GÉNÉRAL

Des Voyages et Expéditions militaires

DE JEANNE D'ARC

avec notes bibliographiques, tables chronologiques et itinéraire général de la libératrice de 1429, dressé par I. RIGAUD, géographe de Bergerac, avec une préface par P. L. d'Arc, avocat à la Cour d'appel d'Aix.

L'Atlas des Voyages et Expéditions militaires de Jeanne d'Arc se composera de trois parties : 1º Domrémy ; 2º Orléans et environs ; 3º Paris, Compiègne, Rouen. Il formera un beau volume in-4º raisin contenant environ 30 cartes ou plans, avec figures.

Prix sur papier vélin . . . . **10 fr.**
—   — Wathmann **15**
—   — Chine. **20**
—   — Japon. **30**